BEI GRIN MACHT SICH IHR WISSEN BEZAHLT

Lennart Marx

Kunst, Erotik und die Pornographie - distinkte Kategorien?

GRIN Verlag

Bibliografische Information der Deutschen Nationalbibliothek:

Die Deutsche Bibliothek verzeichnet diese Publikation in der Deutschen National-
bibliografie; detaillierte bibliografische Daten sind im Internet über http://dnb.d-
nb.de/ abrufbar.

Impressum:

Copyright © 2011 GRIN Verlag GmbH
Druck und Bindung: Books on Demand GmbH, Norderstedt Germany
ISBN: 978-3-656-08931-5

Dieses Buch bei GRIN:

http://www.grin.com/de/e-book/184227/kunst-erotik-und-die-pornographie-
distinkte-kategorien

GRIN - Your knowledge has value

Der GRIN Verlag publiziert seit 1998 wissenschaftliche Arbeiten von Studenten, Hochschullehrern und anderen Akademikern als eBook und gedrucktes Buch. Die Verlagswebsite www.grin.com ist die ideale Plattform zur Veröffentlichung von Hausarbeiten, Abschlussarbeiten, wissenschaftlichen Aufsätzen, Dissertationen und Fachbüchern.

Besuchen Sie uns im Internet:

http://www.grin.com/

http://www.facebook.com/grincom

http://www.twitter.com/grin_com

Universität Hamburg

Institut für Anglistik und Amerikanistik

Sommersemester 2011

Hausarbeit

Kunst, Erotik und die Pornographie –
distinkte Kategorien?

Eingereicht am 20.09.2011

Inhaltsverzeichnis

Einleitung

Im Laufe des Seminars wurde deutlich, dass die Unterschiede zwischen Kunst, Erotik und Pornographie teilweise zu verschwimmen scheinen. Insbesondere bei der Diskussion im Anschluss an mein Referat zeigte sich, dass diese Trennung stark subjektiv ist und häufig mit persönlichen Moralvorstellungen, Einstellungen und Hintergründen verbunden ist. Diese Hausarbeit ist ein Versuch, dies theoretisch zu unterlegen. Ihr Ziel ist daher nicht eine normative Beurteilung („Ist Pornographie gut, schlecht oder gefährlich?"), sondern ein Aufzeigen von möglichen Kategorien, die Erotik und Pornographie unterscheiden können und ihre praktische Anwendung an mehreren Beispielen, um sich der Grenze zwischen Pornographie und Erotik bewusst zu werden. Dazu habe ich drei Werke verschiedener Künstler ausgewählt, die aus dem letzten Jahrhundert stammen und möglichst realitätsgetreu dargestellt sind (zwei Fotographien bzw. eine Serigraphie).

1. Begrifferläuterung

In diesem Abschnitt sollen die beiden behandelten Begriffe „Pornographie" und „Erotik" definiert und voneinander abgegrenzt werden, um dann im nächsten Abschnitt mit ihnen argumentieren zu können.

1.1 Pornographie

Das Wort stammt aus den altgriechischen Begriffen πόρνη (*porne* „Dirne") und γραφειν (*graphein* „schreiben") (Pape 1914: 684) und ist laut Wörterbuch definiert als „einseitig das Sexuelle darstellend" (Duden 2004: 759). Radikalfeministin Andrea Dworkin behauptet zur Stellung der Dirnen im antiken Griechenland:

> *Porne* bedeutet „Hure", und zwar spezifisch und ausschließlich die unterste Klasse der Huren, was im antiken Griechenland die Bordellschlampe war, die allen männlichen Bürgern zur Verfügung stand. Die *porne* war die billigste (im wörtlichen Sinn), am wenigsten respektierte, am wenigsten beschützte aller Frauen, einschließlich der Sklavinnen (zitiert nach von Fintel 1970: 19).[1]

---

[1] Diese Sichtweise sei jedoch nicht unumstritten. So bemerkt Claudia Gehrke, dass ‚πόρνη' ebenfalls der Beinamen Aphrodites gewesen sei und folgert, dass ‚πόρνη' bezeichne ‚die Gesamtheit der Liebesdienerinnen und Liebesdiener', deren Beruf „zunächst mal noch nichts schlechtes [sei]". Daher widerspricht sie der Auffassung, dass 'Pornographie' „vom Wortsinn her die Erniedrigung" festlegt (zitiert nach von Fintel 1970: 19 f.).

1

Sie schließt daher, dass Pornographie „die schriftliche oder bildliche Darstellung von Frauen als wertlose Huren [ist]. Das Wort hat seine Bedeutung nicht verändert, und das Genre trägt keinen falschen Namen" (zitiert nach ebd.: 19).

Autorin Julie Peakman beschreibt Pornographie explizit als „the written or visual representation in a realistic form of any general or sexual behavior with a deliberate violation of existing and widely accepted moral and social taboos" und grenzt dieses Genre von der Erotik ab durch „explicit depiction of sexual organs and sexual practices with the aim of arousing sexual feeling" (Peakman 2003: 5) – die sexuelle Stimulation des Betrachters sei folglich essentiell. Dies scheint auf den ersten Blick eine genaue Definition zu sein, ist jedoch wissenschaftlich sehr ungenau, denn „what is constituted as sexually stimulating changes with different societies and varies among individuals" (Talvacchia 1999: 103).

Betrachtet man die rechtliche Definition von Pornographie, so werden Parallelen mit gleichen Schwachstellen deutlich: Laut Definition des Sonderausschusses für die Strafrechtsreform weise Pornographie „Stimulierungstendenz und Anstandsverletzung" auf (Schroeder 1992: 17).[2] Außerdem wird auf weitere hilfreiche Kriterien hingewiesen, wie beispielsweise „die *unrealistische Darstellung*" durch „verzerrte" oder „aufdringlich vergröbernd[e]" Schilderung (ebd.: 18); die „*Isolierung der Sexualität*", bei der Sexualität „auf sich selbst reduziert" wird und der Mensch „auf ein physiologisches Reiz-Reaktions-Wesen reduziert wird" (ebd.: 18) – d. h. der eigentliche künstlerische, tiefer gehende Inhalt fehlt; sowie die *Versachlichung von Menschen*, bei der „Pornographie [...] den Menschen zum bloßen (auswechselbaren) Objekt geschlechtlicher Begierde degradiert" (ebd.: 18). Weitere Kategorien seien die „*Erniedrigung eines Geschlechts*", das allerdings nicht auf die „Darstellung von Frauen beschränk" sei (ebd.: 18) und die intensive *Aufdringlichkeit* (ebd.: 18).

Interessant ist auch ein Rückblick, wie in den 1970er-Jahren über Pornographie diskutiert wurde. Lothar Streblow stellte die These auf, dass „echte pornographische" Werke anhand von elf Merkmalen identifiziert werden können (Streblow 1968: 34). Die für die weitere Analyse wichtigsten Kategorien sind *Defloration* mit sadistischen Elementen, d. h. die Darstellung des ersten Geschlechtsverkehrs, bei der „das Mädchen sich ausnahmslos nicht um den ihr zugefügten Schmerz kümmert" (ebd.: 35) und häufig mit voyeuristischen

---

[2] „Stimulierungstendenz" bedeutet demnach, dass das Werk „ausschließlich oder überwiegend auf die Erregung eines sexuellen Reizes bei dem Betrachter" abzielt. „Anstandsverletzung" ist definiert als „die im Einklang mit allgemeinen gesellschaftlichen Wertvorstellungen gezogenen Grenzen des sexuellen Anstandes eindeutig überschreiten" (Schroeder 1992: 16).

Einflüssen verbunden ist; „unverhohlen praktiziert[em]" *Inzest* (ebd.: 36); „*Profanierung des Heiligen*", d. h. die Darstellung sexueller Aktivitäten von Nonnen und Priestern, die den „pychologischen Reiz" erhöht (ebd.: 37) und „*hypersexuelle Männer*" (ebd.: 38), die mit „unbegrenzter Potenz" (ebd.: 38) und übertrieben großen Geschlechtsteilen *nymphomane Frauen* verführen, die als „Personifikation sexueller Wunschträume", „maßlos leidenschaftlich, sexuell unersättlich" und nur an „permanentem Koitus" interessiert gelten (ebd. :38).[3]

Zusammenfassend ist Pornographie ein rein sexuell stimulierendes Genre, das auf den (harten, teilweise brutalen) Geschlechtsverkehr reduziert wird und bei dem „auf alle nicht erotisch stimulierenden Beschreibungen, beispielsweise der Landschaft [...] bewußt [sic!] verzichtet wird" (ebd.: 42).

1.2 Erotik

Erotik wird meistens als „sinnliche Liebe" definiert (Duden 2004: 349). Detaillierter beschreibt das Lexikon für Sexualforschung Erotik als einen „Ausdruck der ästhetischen Lebensbereiche, welche das sexuell-sinnliche Begieren in der Wirkung auf das Gesamterleben einzuschränken bzw. zu modifizieren vermögen" (zitiert nach Kahmen 1971: 7). Im Gegensatz zur „physischen" Sexualität sei Erotik „was an Sinnlichem psychisch seine Auflösung im Gehirn" findet (ebd.: 7). Daher sei Erotik in der Kunst „Form gewordene, sichtbar gewordene, [...] höchste und edelste Form der Sinnlichkeit" (ebd.: 10). Der Professor für Psychologie Herbet Selg meint, dass Erotik trotzdem „mit der Absicht hergestellt werden [kann], sexuell zu erregen" (Selg 2003: 60) und schlägt als Unterscheidungsmöglichkeit zur Pornographie vor, dass Erotik keine „deutliche Degradierung" enthält (ebd.: 60).

Es wird also deutlich, dass es eine „Differenz zum rein Triebhaften und Körperlichen des Sex" gibt (Scholz 2000: 5) und im Gegensatz zur Pornographie mit „einem Mehrwert verbunden" ist (ebd.: 5). Nichtsdestotrotz kann Erotik „als Darstellung von Sexualität zwischen Partnern oder auch autosexuell angesehen werden, die anregen und positive

---

[3] Anhand der von Streblow zitierten Kategorien ist auch ein Wandel in der Definition von Pornographie über die Zeit möglich. Er beschreibt, dass „Neger und Asiaten als Sexsymbole" (ebd.: 39) und homosexuelle Handlungen in jedem pornographischen Werk vorkommen. Meist werden letztere nicht direkt dargestellt, sondern die „heterosexuellen Handlungen [sind] meist mit stark homosexuellen Elementen durchsetzt" (ebd.: 39 f.). Im Zuge der Liberalisierung unserer Gesellschaft wurden diese Gruppe zunehmend toleriert und wurden für die Pornographie teilweiser uninteressanter, weil sie keine Tabus mehr darstellten und dadurch den sexuellen Reiz verloren. Heutzutage können sie zwar Teil von Pornographie sein, müssen es aber nicht.

sexuelle Gefühle erzeugen soll" (Heiliger 2005: 131). Im Gegensatz zu Pornographie ist die Art der Stimulation unterschiedlich: Erotika „sollen die Phantasie anregen und die Möglichkeiten sexueller Erfahrungen erweitern und intensivieren[;] Pornographie dagegen ist Darstellung von Frauen als Huren, als entwerteten und herabgewürdigten Personen, die sich sexuell für Geld anbieten und den männlichen Betrachter im Auge haben, um ihn sexuell zu erregen" (ebd.: 131 f.). Dies wird auch im folgenden Zitat von der amerikanischen Feministin Gloria Steinem deutlich:

> After all, „erotica" is rooted in „eros" or passionate love, and thus in the idea of positive choice, free will, the yearning for a particular person. [...] „Pornography" begins with a root „porno", meaning „prostitution" or „female captives", thus letting us know that the subject is not mutual love, or love at all, but domination and violence against women (zitiert nach von Fintel 1970: 19).

2. Anwendung an praktischen Beispielen

Im Folgenden werde ich anhand von drei Beispielen den Konflikt zwischen Erotik, Pornographie und Kunst verdeutlichen.[4]

2.1 Robert Mapplethorpe: Marty and Veronica, 1982

Abb. 1

Dieses Bild wurde im Jahre 1982 von Robert Mapplethorpe veröffentlicht und war Teil seiner Serie „Marty and Veronica". Diese schwarz-weiß Aufnahme zeigt die Grauzone zwischen Pornographie und Kunst: Dargestellt wird ein eindeutig sexueller Akt, der auf Lust basiert und nicht der eigentlichen Fortpflanzung dient. Ist dieses Foto also pornographisch?

Neben den oben genannten Argumenten würde auch die Reizwäsche und die hohen schwarze Schuhen der Frau dafür sprechen, die der sexuellen Stimulation des Mannes und den Betrachtern dient. Hauptargument wäre aber das oben erwähnte Kriterium, dass hier keine Individuen dargestellt werden, sondern austauschbare Objekte: Der Mann, von dem nur die dünnen Oberarme und der Kopf mit schwarzem Haar zu sehen ist und insbesondere die Frau, deren Kopf und Gesicht nicht sichtbar ist. Da der Kopf Zeichen der Individualität ist, wird der Fokus auf das „Objekt Frau" gerichtet und sie wird ohne eigene Persönlichkeit

---

[4] Das Beispielbild unter der Überschrift dient lediglich zur Kontrolle, um Missverständnisse zu vermeiden und ist deshalb sehr klein gehalten.

und damit ohne eigenen Willen und Gefühle dargestellt – gleichwohl deutet der Titel darauf hin, dass die Modelle nicht austauschbar sein sollen, da die Namen genannt werden (im Gegensatz zu einem möglichen Titel wie „Two Lovers"). Außerdem weißt das Bild ein weiteres typisches pornographisches Element auf, indem die Frau auf dem Rücken liegt, sich sozusagen dem Mann ergibt, der sich an ihr vergnügt. Dies kann auf das Bild der nymphomanen Frau hinweisen, die sich willig und zu jeder Zeit Männern ergibt, um deren sexuellen Triebe zu befriedigen. Der Fokus ist eindeutig auf die Frau gerichtet, deren Körper deutlich mehr vom Bild einnimmt als der Körper des Mannes. Ebenso wird die Körperbehaarung der Frau fokussiert sowie auf Gerüche angespielt, die weitere sexuelle Stimulation bewirken (Streblow 1968: 40).

Allerdings gibt es auch Argumente, die gegen eine eindeutige Klassifizierung als pornographisches Werk sprechen: Beispielsweise wird die eben angesprochene dargestellte sexuelle Handlung nicht explizit gezeigt – vielmehr deutet Mapplethorpe den Akt nur an, es werden aber keine Körperteile direkt sichtbar: weder die äußeren Geschlechtsorgane der Frau noch der Mund bzw. die Zunge des Mannes. Dieses Element der Verhüllung bzw. der Anspielung ist nicht typisch für Pornographie, sondern Kunst: Der Betrachter wird aktiv eingebunden und kann bzw. muss sich seine eigenen Gedanken machen, um das Bild zu verstehen – der Akt wird somit nicht entmystifiziert. Außerdem ist auch die angesprochene „Sinnlichkeit" bzw. im Bild vorhanden: Der Mann umarmt zärtlich und doch kräftig die Beine der Frau und sie stützt ihre Beine auf seinem Körper ab. Durch diese körperliche Nähe wird ein Gefühl von Harmonie transportiert, bei der es nicht nur wie in pornographischen Fotos um die reine sexuelle Befriedigung geht. Durch diese Berührungen scheinen die Körper ineinander zu verschmelzen, der Oberkörper des Mannes scheint nahtlos in den Schoß der Frau überzugehen und die Intimbehaarung der Frau werden durch das Spiel mit Licht und Schatten eins mit dem Kopf bzw. Haar des Mannes. Der durch diese erotischen, aber nicht pornografischen, Anspielungen entstehende Eindruck wird verstärkt durch die dargestellte sexuelle Handlung: Nicht die Frau befriedigt den Mann oral, sondern sie wird von ihm verwöhnt – das spricht gegen gängige pornographische Darstellungen, in dem die Frau den Mann zufrieden stellen soll – so bedeutet es für den Mann zwar eine mentale Stimulation, die eigentliche physische Befriedigung erfolgt jedoch bei der Frau.

Zudem kann man für ein künstlicheres Werk argumentieren, wenn man das Foto an sich betrachtet: Mapplethorpe spielt mit Licht und Schatten, so werden die beiden Modelle in ovalförmigen Lichtkegel gerückt und die Umgebung wird ausgeblendet (bzw. verdunkelt). Ebenso ist das Foto perfekt symmetrisch: In der Bildmitte befindet sich der Kopf des

Mannes, eingegrenzt von einem Rechteck aus seinen Händen und den Spitzen ihrer Schuhe. Dies verstärkt das dargestellte Gefühl der Verbundenheit. Zu dieser Harmonie führt auch, dass beide Beine in etwa gleichweit gespreizt sind, in gleichem Winkel angezogen und beide Hände gleich weit vom Rand des Bildes entfernt sind. Ebenso werden durch den Schatteneinfall nicht die weiblichen Geschlechtsorgane direkt gezeigt, wohl aber die entscheidenden Bereiche angedeutet: So wirken durch das Licht und das Nichtvorhandensein von Stoff die weiblichen Brüste, ihr Gesäß und die männlichen starken Schultern hervorgehoben.

Zusammenfassend wird mit dem Bild deutlich mehr ausgedrückt und im Betrachter hervorgerufen als direkt gezeigt wird: Es ist umfassender und tiefgehender als rein stimulierende Pornographie. Folglich sprechen deutlich mehr Gründe für ein künstlerisches, „erotisches" und gegen ein rein „pornographisches" Werk.

2.2 Jeff Koons: Butt Red (Close Up), 1991

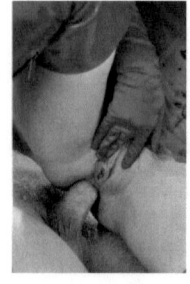

Diese Serigraphie auf Leinwand gibt es in zwei Varianten: dem „Distance" und dem hier daraus gezeigten Ausschnitt „Close Up". Hier wird lediglich das „Close Up" betrachtet, da es das Bild auf das Wesentlichste beschränkt und die Diskussion dadurch erleichtert und konkretisiert.

Das Werk ist im Zuge der Werkserie „Made in Heaven" entstanden, als Koons um 1990 die ungarisch-italienische Pornodarstellerin und

Abb. 2 Skandalpolitikerin Ilona Staller alias „Cicciolina" angestellt und anschließend für ein Jahr geheiratet hat (vgl. ARTE 2007). Das Bild wurde schnell zu einer der bekanntesten Darstellungen von Analverkehr in der Kunst und wurde in Ausstellungen „hinter einem schweren schwarzen Vorhang mit Warnschildern" gezeigt (Polsky 2005).

Dieses Bild zeigt die unmögliche Unterscheidung von Kunst, Erotik und Pornographie: Auf der einen Seite ist es ein Kunstwerk, das von einem berühmten Künstler erstellt und für sehr viel Geld versteigert wurde – laut Andres Serrano spricht dies für Kunst, denn „der einzige Unterschied zwischen Kunst und Pornografie besteht darin, dass Kunst teurer ist" (zitiert nach Spiegel Online 2007). Auf der anderen Seite ist insbesondere das „Close Up" eine explizite Darstellung menschlicher Sexualität: Alle Geschlechtsteile (ebenso die inneren Schamlippen) und die eigentliche Penetration sind eindeutig zu erkennen. Daher kann man argumentieren, dass das Bild zweifelsfrei der sexuellen Stimulation dient, insbesondere da

Ilona Staller sich zusätzlich selbst stimuliert und dadurch dem Betrachter weitere Einblicke in ihren Körper ermöglicht. Ebenso wie bei Mapplethorpe wird ein tabuisierter Geschlechtsakt dargestellt, der nicht der Fortpflanzung und damit dem nötigen Überleben der Familie sichert, sondern Analverkehr, der einzig und allein der sexuellen Befriedigung dient. Zudem ist Ilona Staller nicht nackt, sondern in einem roter Unterwäsche sowie roten Lackschuhen dargestellt. Hier kann argumentiert werden, dass der Künstler durch die Farbe und Akzente auf eine Symbolik hinweisen möchte (rot als die Farbe der Liebe, durch die Göttin Venus infiziert). Allerdings können insbesondere Lackstiefel der zusätzlichen Erregung dienen. Außerdem fehlt Harmonie und Zärtlichkeit bzw. Verbundenheit, die für ein erotisches Bild nötig wäre. Durch das „Distance" wird deutlich, dass beide Partner in dieselbe Richtung schauen und sich nur an den Beinen berühren (dieses dient jedoch eher dem Abstützen als der Zuneigung). Staller's Oberkörper ist ebenfalls nach vorne, weg von dem weit nach hinten gelehnten Koons, geneigt. Dadurch wird der Blick des Betrachters in die Mitte des Bildes gelenkt – dort befindet sich an zentraler Stelle die Penetration. Daher wird „Sexualität also nicht als integrierender Bestandteil des Menschen empfunden, sondern gewissermaßen ‚an sich', losgelöst vom Menschen und seiner realen Existenz" (Streblow 1982: 42).

Durch das „Close Up" verschwinden die Gesichter und Körper – und damit die Identitäten – der beiden Modelle. Der Fokus wird einzig und allein auf den Geschlechtsakt gelegt. Letzterer wird auch explizit und exakt dargestellt (es erfolgt keine Anspielung, beispielsweise mit einer Feder wie bei Ralph Gibson). Im Gegensatz zu Courbet's „L'origine du monde", die ebenfalls aus einem weiblicher Torso ohne Gesicht besteht, wird allerdings bei Koons wenig Wert auf Ästhetik im engeren Sinne gelegt: Courbet schaffte es trotz des Betrachtungswinkels ein gewisses Mysterium um die weiblichen Geschlechtsorgane zu wahren und hatte eine andere Intention (wie auch am Titel des Werkes zu erkennen ist). Außerdem gibt es keinerlei sexuelle Stimulation oder Andeutungen; das Werk wird dadurch auf einer anderen Ebene betrachtet.

Bei Koons führt der Titel zu einer Verstärkung der sexuellen Konnotation. „Butt" wurde nicht „But" geschrieben („alles außer rot"), sondern er wählte diesen expliziten Bezug zum menschlichen Körperteil, welches gemeinsam mit der „red" Kleidung eine essentielle Rolle spielt.

Jedoch kann man über die Wirkung dieser Darstellung Überlegungen anstellen. Michel Foucault stellt die These auf, dass „zur Lust - in welcher Form auch immer - das Geheimnis, das Unerklärliche, die Fantasie [gehört]" (zitiert nach Ackermann 2009). Dadurch „könnte man sich [...] fragen, ob Pornografie überhaupt noch Pornografie ist, wenn sie hell beleuchtet im Museum gezeigt wird und ihre letzte mysteriöse und anrüchige Komponente, die Heimlichkeit, verliert" (zitiert nach ebd.). Übertragen auf dieses Werk bedeutet es, dass insbesondere durch die eklatante Darstellung vom Geschlechtsverkehr keine Mystik um den Sex möglich ist – anders als bei dem oben besprochenen Werken von Courbet und Mapplethorpe, bei denen Spekulation nötig ist, um das Bild zu verstehen und auf seine Art genießen zu können. Obwohl das Werk im Museum zu sehen war, wurde die „Heimlichkeit" (ebd.) nicht überwunden – im Gegenteil, der Tabu-Charakter blieb weiterhin bestehen oder wurde gar verstärkt.[5]

Zusammenfassend wird – mit „intensiver Aufdringlichkeit" (Schroeder 1992: 17) – insbesondere beim „Close Up" nur der sexuelle Aspekt des Menschen in den Vordergrund gerückt und „fast ausschließlich aus Unterleib bestehende" Körper gezeigt (Streblow 1968: 42).

2.3 Helmut Newton: Frau in einem Pelzmantel (Woman in a Fur Coat), 1976

Nach zwei Werken, die direkten Geschlechtsverkehr darstellen, soll nun ein Werk von dem berühmten Fotografen Helmut Newton diskutiert werden, das ein Ganzkörperportrait einer „Frau in einem Pelzmantel" zeigt. Zunächst würde man sicherlich von einem voyeuristischen Foto ausgehen, da das Modell in den Vordergrund gerückt wird und der Blick des Betrachters auf ihren Intimbereich

Abb. 3 geleitet wird. Jedoch setzt dieser dem rein voyeuristischen Blick eine Grenze, da keine Geschlechtsteile dargestellt werden, sondern durch die Intimbehaarung verdeckt bleiben. Auch ihre Brüste werden durch den zugeknöpften Mantel verborgen. Damit ist dieses Bild von anderen Darstellungen, beispielsweise Jeff Burton's „Untitled (Frill)" aus dem Jahre 2000 deutlich zu unterscheiden. Trotzdem sendet dieses Bild sexuelle Schlüsselreize aus – der als schön geltende schlanke Körper und insbesondere die langen Beine, von denen eins zusätzlich nach vorne gestreckt wird – und wirkt damit wie eine moderne Version von Peter Paul Rubens „Das Pelzchen", die als „Verkörperung einer flämischen Schönheit" galt (Néret 1998: 104). Auch der elegante Schmuck, der rot lackierte Finger mit dazu passendem Lippenstift, die lockigen Haare und die Schuhe tragen dazu bei.

---

[5] Dies wird deutlich, wenn man sich an die oben aufgeführten Vorhänge und Warnschilder erinnert. Außerdem wurde das Bild auf der Versteigerung ebenfalls neben einem Warnschild präsentiert.

Letztere sind nicht vollständig offen, sondern eine dünne Schnalle über dem Fuß verbindet sie mit der Sohle – und sorgt dafür, dass der dunkle Schuhe hervorgehoben wird (anderenfalls würde durch den dunklen Untergrund in den Hintergrund rücken).

Bei genauerer Betrachtung werden weitere Details deutlich: Beispielsweise, dass der Pelzmantel der Frau nicht durch den Gegenwind aufweht, sondern von ihr bewusst aufgehalten wird (durch die in der rechten Hand gehaltene Tasche und durch die linke Hand, die den Mantel nach hinten schiebt). Dadurch ergeben sich offene Fragen, die das Bild von der oben genannten inhaltslosen Pornographie unterschieden.

Trotzdem würde für Streblow dieses Werk als pornographisch gelten, da es den Fokus auf „Körperbehaarung, besonders der Schamhaare" (wie ebenfalls bei Newton's „Arielle after Haircut", Paris, 1982) und den „Kontakt mit Tieren, speziell zwischen Frauen und Tieren" (Streblow 1968: 40) legt. Zweifelsohne hätte Newton das Modell auch in einem anderen Kleidungsstück fotografieren können – er wählte aber explizit einen Pelzmantel. Damit wird jedoch das vermeintlich pornographische Bild auf eine andere Ebene gehoben, die damit Interpretation zulässt. Es ist unwahrscheinlich, dass das Modell den Pelz trägt, nur weil ihr kalt ist – dann würde sie auch nicht den Mantel aufhalten. Es muss andere Gründe dafür geben; der Mantel ist somit zu einem Symbol geworden, beispielsweise für die Dominanz über das Tier, mit dem sie sich nun als Kleidung schmückt, oder über das Animalische, ihre inneren Triebe, denen sie sich widersetzt. Da der Großteil ihres Körpers jedoch von Fell umgeben ist und an ihrer Brust sogar eingehüllt ist und ihr Kopf damit von Fell „eingeschlossen" wirkt, ist eher zu vermuten, dass sie von diesen animalischen Trieben weiterhin umgeben ist und der Pelz die Leidenschaft verkörpert. Bleibt man bei dieser Spekulation, erhält auch der düster wirkende Hintergrund des Bildes eine Bedeutung und die Gitter vor den Fenster könnten als phallusartige Zäune interpretiert werden, die sie ebenfalls umgeben. Die verschlossenen Fenster könnten ein weiteres Indiz dafür sein, dass sich die Frau aus dieser Dominanz (beispielsweise der männlichen) nicht flüchten kann. Auch ihr nach unten geneigter, traurig und unsicher wirkender Blick der durch den leicht geöffneten Mund noch verstärkt wird, passt zu dieser Idee. Das Bild wirkt also wie ein Widerspruch.

Diese Interpretationsmöglichkeiten gibt es bei der Pornographie sehr selten, üblicherweise lässt sie aber „keine politischen, soziologischen Reflexionen" zu (Streblow 1968: 41) – im Gegenteil: „die handelnden Figuren sind gleichsam Geschichtslos" (ebd.). Daher „gibt es keine oder kaum Konflikte irgendwelcher Art, mit Ausnahme derer, die der zusätzlichen Steigerung der erotischen Spannung dienen" (ebd.). Dies ist bei diesem Werk nicht der Fall

– im Gegenteil, der Beobachter wird dazu angeregt, sich Fragen zu stellen und über das Bild bzw. seine Entstehung und Aussage zu reflektieren.

Hält man sich streng an die oben formulierten Kriterien, spricht dies ebenfalls für ein erotisches Bild: Es ist weder inhaltslos und sadistisch, noch tabu brechend und Frauen verachtend. Wenn überhaupt, wird durch die Nacktheit sanfte Erotik gezeigt, die allerdings nicht zur Stimulation des Betrachters eingesetzt wird.

Zusammenfassend ist dieses Bild erotisch, aber nicht pornographisch und lässt sich als Kunstwerk kategorisieren, da es tiefgehende Interpretationen und Reflexionen ermöglicht.

Schluss

Alles in allem wurde deutlich, dass es diverse theoretische Ansätze gibt, um distinkte Kriterien zu entwerfen, die Kunst von Pornographie trennen sollen. Diese sind allerdings häufig unzureichend und werden kontrovers diskutiert.

Bei der praktischen Anwendung und Diskussion von Kunstwerken zeigt sich außerdem, dass diese Kontraste sehr unscharf sind und sehr vom Betrachter und Kontext abhängen.

Viele Werke beinhalten sowohl erotische, als auch pornographische Elemente, die mit unterschiedlichen Motiven eingesetzt werden.

Letztlich ist eine kategorische Trennung von Kunst, Pornographie und Erotik nicht möglich – und wahrscheinlich für den Genuss der Werke auch nicht nötig.

Literaturverzeichnis

Ackermann, Tim (2009): Sex und Kunst. Diese Pornos dürfen auch Spießer anschauen. In: Die Welt, Jg. 2009, 23.09.2009. Online verfügbar unter http://www.welt.de/kultur/article3483742/Diese-Pornos-duerfen-auch-Spiesser-anschauen.html, zuletzt geprüft am 13.09.2011.

ARTE: Tabus, Sex und die Kunst. Ausgestrahlt am 14.06.2007 23:10 Uhr. ARTE.

Duden - die deutsche Rechtschreibung. 23. Aufl. (2004). Mannheim [u.a.]: Dudenverl.

Fintel, Jens von (Mai 1996): 'Pornographie' Ästhetik, unästhetisch. Der Begriff des Pornographischen in der Diskussion um 1970. Magisterarbeit. Köln. Universität Köln, Philosophische Fakultät. Online verfügbar unter http://www.vonfintel.de/texte/geisteswissenschaft/pornographie.pdf, zuletzt geprüft am 19.09.2011.

Heiliger, Anita (2005): Zur Pornographisierung des Internets und Wirkungen auf Jugendliche. Akutelle internationale Studien. In: Zeitschrift für Frauenforschung, H. 1+2, S. 131–140.

Kahmen, Volker (1971): Erotik in der Kunst. Tübingen: Wasmuth.

Muthesius, Angelika; Néret, Gilles (1998): Erotik in der Kunst des 20. Jahrhunderts. Köln [u.a.]: Taschen.

Pape, Wilhelm (1914): Griechisch-deutsches Handwörterbuch. 2 Bände. Braunschweig: Vieweg.

Peakman, Julie (2003): Mighty lewd books. Basingstoke, Hampshire [u.a.]: Palgrave Macmillan.

Polsky, Richard (2005): Art Market Guide 2005. (09.05.2005). Online verfügbar unter http://www.artnet.de/magazine/art-market-guide-2005-1/, zuletzt geprüft am 15.09.2011.

Scholz, Robère (Januar 2000): EROS. Diplomarbeit. Köln. Kunsthochschule für Medien. Online verfügbar unter http://art-work-buero.de/downloads/eros.pdf, zuletzt geprüft am 19.09.2011.

Schroeder, Friedrich-Christian (1992): Pornographie, Jugendschutz und Kunstfreiheit. Heidelberg: Müller, Jur. Verl. (Schriftenreihe // Juristische Studiengesellschaft Karlsruhe / hrsg. von den Trägern der Juristischen Studiengesellschaft: Bundesverfassungsgericht …).

Selg, Herbert: Pornographie: Begriffliche Unbestimmtheit ohne Ende? In: tv diskurs - Verantwortung in audiovisuelle Medien, Hrsg.: Freiwillige Selbstkontrolle Fernsehen e.V., Jg. 2003, Ausgabe 24, S. 58–61. Online verfügbar unter http://www.fsf.de/fsf2/publikationen/publikationen.php?mode=3&id_lit=625&order=ASC, zuletzt geprüft am 18.09.2011.

Streblow, Lothar (1968): Erotik, Sex, Pornographie. München: Lichtenberg.

Talvacchia, Bette (1999): Taking positions. Princeton, NJ [u.a.]: Princeton Univ. Press.

TV-Rückblick (2007). In: DER SPIEGEL, Jg. 2007, Ausgabe 25, 18.06.2007. Online verfügbar unter http://www.spiegel.de/spiegel/print/d-51955574.html, zuletzt geprüft am 14.09.2011.

Abbildungsverzeichnis

Abb. 1:
http://faculty.txwes.edu/csmeller/Human-Prospect/ProData09/03WW2CulMatrix/WW2PICs/Mapplethorpe1946/Map1982MartVer480.jpg; zuletzt geprüft am 02.08.2011

Abb. 2:
http://www.artnet.com/Magazine/features/polsky2/polsky5-9-8.asp, zuletzt geprüft am 15.09.2011

Abb. 3:
Kahmen, Volker (1971): Erotik in der Kunst. Tübingen: Wasmuth. Seite 97.